Terrorismo Mágico

Gustavo Andrés Valdés Acero

Terrorismo Mágico

Gustavo Andrés Valdés Acero

Título del libro:
Terrorismo Mágico

Escritor:
Gustavo Andrés Valdés Acero

Editores:

Diagramación:

Cel: +57 315 837 05 84
liderlibros@gmail.com — www.librosparapensar.com

Primera edición
ISBN:

Hecho en Colombia
Printed in Colombia

Queda hecho el Depósito Legal

Barrancabermeja, Santander — Colombia

ÍNDICE

Shitty cyberpunk country
Terrorismo mágico
Mecánica de fluidos
La X en el calendario
Lo que ha de quedar

PRÓLOGO

Escribimos sobre lo que afecta nuestros sentidos y sobre lo que atraviesa esta experiencia de estar vivos. El lenguaje de la poesía se nos ofrece como una manifestación, desencajada quizás del imperio de la razón, pero no por esto, desatenta a otro tipo de *logos* que nos permite asir la realidad y sus intersticios. A veces el lenguaje se vuelve pantanoso cuando nos arrojamos hacia aquello que el código hace difícil de enunciar, casi siempre por la distancia entre los objetos, las palabras que los nombran y la aureola que los envuelve.

Es esa aureola la que reluce en el poema y lo que irradia viene a asentarse en la imaginación de quien lee. Como lectora de este libro, puedo decir que el encuentro con la poesía vuelve a afirmarse en lo pequeño que suele pasar inadvertido, en el canto de la calle, en la búsqueda de que la palabra diga siempre algo más, señale el revés de lo cotidiano y nos ayude a descubrir esos otros lenguajes; el de la naturaleza y el de la materia que se escapan en medio de esta vida acelerada.

La pausa llega a través de los versos de Gustavo: "Mi poesía es como un asilo/ donde toda palabra tiene cabida. / Las enfermas, las leprosas, las abusadas, / las sin remedio".

La poesía ensancha el mundo, amplia el registro de lo bello y su pulso nos devuelve el aliento después de la carrera que emprendemos por el mundo. Y ese mundo, precisamente se fragmenta gracias a los espectros que estos versos nos abren; de esta forma nos aseguramos felizmente, de que no hay certezas y la duda teológica, por ejemplo, en este verso: "Tal como Dios nos quiere a todos, bien muertos", es una invitación a desacralizar esos conceptos, esas grandes ficciones que han arrebatado al ser humano su libertad; es cuestionar todo aquello que sostiene nuestro andamiaje para recuperar la Tierra, y ser dueños de nuestro destino.

En el poema "Vienen por todo", de ritmo acelerado e imágenes terribles –por lo verdaderas– el poeta afirma con vehemencia esa crítica a las instituciones y a quienes ejercen el poder en nuestro país.

Acá no solo se pone a prueba el lenguaje, ese poder secreto que tiene para levantar la realidad, para hacer de lo imposible un espacio-tiempo habitable, también se problematizan ideas como lo sagrado, lo civilizado y lo verdadero, para enunciar, al final, esa penumbra extensa que podría resumir mejor nuestro camino a tientas por la historia colectiva e individual:

Quítenles los páramos, quítenles la ciénaga,
quítenles las selvas y los bosques y los ríos,
quítenles la imagen, quítenles la palabra.
Quítenles todos sus privilegios.
Que los Despojadores sientan, por una sola vez,
lo que es ser despojado.
Quítenles todo, menos la vida
a ver qué se inventan.

En estos versos, Gustavo le da la vuelta a la historia hegemónica de nuestro país desangrado durante siglos; esa historia, escrita por los vencedores, que suelen ser los perpetradores, debe reescribiste desde el rostro de las víctimas. Arrebatar a los criminales el poder, despojarlos de aquello que han robado a punta de bala y sangre se convierte en un sueño colectivo que podría cambiar el rumbo de Colombia. Por lo tanto queda la violencia del lenguaje que busca abrirse paso entre la maraña de tantos siglos de opresión, del desamparo de vivir y responder a signos y conceptos que no dan cuenta de lo que significa estar vivos: la historia individual, la del creador, cuyos ojos observan con atención esta horrible realidad, es un punto cardinal y urgentísimo, pues el poeta, en este caso, se resiste a callar, a ser cómplice, y nombra; acto que permite movimiento, que es impulso vital.

La construcción de un mundo plural es fundamental también para Valdés. Sin descuidar el rigor y la atención de quien conoce la espesura del lenguaje poético, escribe:

Detengámonos a tiempo
hermano,
hermana,
evitemos el sino que llevamos
y tomemos otro rumbo.
Que sea el agua y no la sangre
la que marque la vía.

En este llamado presentimos, en medio de ese lenguaje desahogado y sin aparatos decorativos, el lente a través del cual el poeta mira, filtra y crea.

Las relaciones que establece con autores y las lecturas que han marcado su mirada no son menos importantes y podemos seguirlas gracias a las alusiones que hace a Robert Graves o el Conde de Lautréamont. Pero encontramos así mismo, referencias al mundo cinematográfico y a la filosofía, que alimentan de símbolos los versos del escritor.

Su poesía fluye, estremecida por sus pasos, principalmente de caminante urbano, aunque encontramos también algunas menciones importantes a la vida rural cuando los campesinos, los indígenas y todos los que injustamente han permanecido al margen en esta sociedad, vienen a ocupar un lugar esencial en sus versos. Lo cierto es que en su ruta las formas se hacen visibles gracias a que encuentra la manera de mostrarnos su revés, como mencionaba al inicio de este breve comentario, sin hiperbolizar ni limitar esa porción de realidad que desea resaltar.

La música que escuchamos al leer estos poemas, marcan un ritmo y construyen una atmósfera en donde lo coloquial y el mundo de la cultura se entrecruzan, dando lugar a una poesía original y muy honesta. Así, Rubén Blades, Leonard Cohen o Los Prisioneros se vuelven la banda sonora de este libro que nos habla de la necesidad de no seguir atados a estructuras fijas, y su lenguaje avanza por causes que va abriendo, libre y sin atender a formalismos innecesarios, el poeta nos dice: "«¿Qué poeta sería si no pudiera recrear/ esa horma durante siglos obligada norma/ para nosotros en la poesía?»."

—Camila Charry Noriega
Febrero 2022

TERRORISMO MÁGICO

Es la labor, de presentar un libro, bastante injusta. En primera instancia, porque se trata de describir cualidades del escritor y de la obra con cortedad y precisión de cirujano y en segunda instancia, de seducir al potencial lector sin descorrer velos ni matar la ilusión de novedad que propicia un libro que recién llega a nuestras manos. Hallar el equilibrio en esta tarea implica el afanoso intento de contener el universo de la palabra y de la creación que implica la existencia del escritor, en este caso del rapsoda.

En *Terrorismo Mágico* cualquier intento de resumir es complejo y frustrante, ocurre que escritor y obra son en realidad una tríada: alma, creación y vida de un poeta, cuya excusa e inspiración es la cruenta realidad que lo circunda y que compromete el oficio de escribir y que lo conmina a hacer y ser.

En esta nueva obra, Gustavo expone sus intenciones, deseos y frustraciones con la poesía, como si de salvar un viejo amor se tratase, ese viejo amor que lo atenaza profundamente, y al que, sin embargo, ha regresado porque la nostalgia lo devuelve una y otra vez, porque ha de intentarlo hasta que el cuerpo aguante, porque la poesía es su quimera, es un monstruo que todo lo consume.

Es pues, su bardo oficio, uno de los temas de *Terrorismo Mágico*, poder y fuerza incontenible que desea ser liberada, como dice Gustavo: "Hay tanta poesía en mi mano como silencio contenido en una campana", es ocupación que constituye una especie de búsqueda de la felicidad que nunca será absoluta ni certera, camino de autodestrucción, enojo y culpa. Con la poesía sustenta su propio orbe, donde el universo de la palabra cabe. Intrincadas, delicadas construcciones de voces propias y ajenas que forman las rimas que no riman, cuyos versos no calza con antiquísimas formas y donde la muerte es presencia permanente.

Para el segundo tema del libro, el lector deberá saber que el vate se referirá constantemente a su relación con el lamentable y desesperanzador universo paralelo donde alterna su existencia: el mundo de la vida. Es muy fácil confundirlo, debido a sus aspiraciones, con el mismo doctor Manhattan, ya que con la poesía logra cumplir el sueño de todos: poder mandar al carajo ese territorio semejante, donde es inevitable existir, sin dejar de ser empático. Para ello se vale de minuciosos cúmulos: inventario de oscuridades, inventario de adversidades, inventario de muertes, con los que asumir el desafío, la poesía misma transmuta su esencia y es su coraza contra las balas, que bien sabe que algún día le alcanzarán, el día en que todo reviente, el día que todos esperamos, el día en que comienza la orgía de la vida. El poeta no es ajeno al horror, pero solo tiene la palabra febril, la misma "que les da risa" a los asesinos, esos mismos cuyas voces "son cuchillos en el vientre del poema", pero su grito no puede detener las largas filas de cuerpos de todas las edades, de todos los sexos, de todas las épocas, que avanzan a la muerte, solo conocida por los asesinos, los eternos intocables:

"Esta impotencia de no poder causar sufrimiento
aquel que lo reparte a raudales, va a acabar conmigo
yo seré la única baja que deje mi odio

mis enemigos se regodearán
proclamando otro buen muerto
celebrarán con masacres
guaro y parranda vallenata"

Mientras que la muerte es la forma más eficaz de impedir a un país ser, y la manera de los poderosos para afincarse en el poder –la cuestión es que para conservarlo hay que caer... para arriba, es decir encarnarse en el alma del país y envenenar todo a su alrededor, carcomer de adentro para fuera–, la revancha de las víctimas consiste en permanecer en la memoria de sus victimarios, la venganza real es despojar al despojador de "todo menos la vida".

Es este segundo y gran tema de este poemario el que hará para el lector un imposible mantenerse ajeno o al margen de la vida, es conminado por el poeta a mirar a la cara a las víctimas y a sus asesinos y alineará sus emociones con las intenciones de venganza y resarcimiento que se brinda a modo de consuelo, por no comprometer en ello la esperanza, porque el terrorismo mágico es el despojo granate.

Una vez más, leer y comentar la obra de Gustavo es un placer, un dolor y una incomodidad. Difícilmente se cumple la regla de decir todo lo dicho sobre el vate y su creación en su justa medida, lo suficiente para seducir sin develar. Es una labor bastante injusta pero subsanable en la medida en que libro y autor existen al alcance de la mano del lector, quien a duras penas pasará por esta brevísima y tal vez confusa presentación, y finalmente extenderá su propia mirada sobre la vastedad del mundo poético de Gustavo. Con ello me consuelo y doy por sentado que cualquier error cometido en el intento de describir *Terrorismo Mágico*, será disculpado.

REFLEJO

ANTOJO DE ANTIPOEMA

No hay nada peor que intentar recoger la palabra

que se ha dejado caer.

Morderá.

No habremos de culparla.

Tampoco será en vano.

Quiero creer que tengo con Ella una vieja amistad.

Pero cierto invierno,

cierta temporada en mí en que los sentidos se congelan,
me aleja de Ella y de todo.

Es un invierno involuntario, es algo impuesto,

tengo derecho a pensar que es un castigo.

No voy a presentar esto como un poema,

aunque lo escriba en versos,

aunque recorte el renglón y lo llame "verso".

Resulta históricamente tentador,

cuántos no recibieron este dulzón apelativo (Poeta)

sin ningún rubor, solo por partir las líneas

(quebradas como piernas) sobre el papel,

sin preocuparse siquiera de que rimaran.

"A quién le importa ya la música", diría Leonard Cohen.

Y aunque haya muerto
y ahora vivamos en un mundo peor del que lo asesinó,
sus palabras siguen vigentes.

La nada se ha vuelto mi artículo de trueque.
Vine a matar la poesía
y hacer que parezca obra del azar.
Pero sucede con la poesía lo mismo que con Dios.
No se puede matar lo que no existe.

EL PLANETA DE LOS MICOS

Hay unos monos que amenazan la existencia de la humanidad:

El monoteísmo, el más devastador de todos,

seguido de cerca por la monogamia,

aniquiladora del espíritu de libertad que nos caracteriza.

El monocultivo que beneficia a unos pocos

y arruina la tierra de muchos.

El monocromismo a la hora de pensar.

El monopartidismo impuesto con brutal violencia.

Las monocracias,

descendientes de las antiguas monarquías,

introducidas, como en una violación,

dentro de los países.

Toman a las personas

y las trituran en monitos obedientes,

hacedores de dinero.

Criaturas renovables a bajo costo

(que están cagadas del susto

y hacen lo que hacen por desesperación).

Ya casi no quedan humanos

y nadie se da cuenta o a nadie le importa.

La Tierra ha sido tomada por simios sin corazón.

DOCTOR MANHATTAN

Si fuera el doctor Manhattan,
podría poner una copia mía a hacer la fila del banco
y otra que fuera a trabajar.
Otra escucharía música, otra mejoraría su inglés,
otra leería un tomo más de los miles que están en cola.

Otra haría justicia por su mano,
sería asesina serial de congresistas,
senadores y otras lacras.
Otra aprendería teoría,
otra tocaría el bajo.
Otra amaría, se dedicaría solo al amor.
Otra alcanzaría las recompensas
de todos los videojuegos.

Otra limpiaría la basura del planeta,
incluyendo empresas, rellenos sanitarios,
cuarteles y casas presidenciales.
Otra estaría durmiendo,
dedicada únicamente a soñar.

Otra labraría la tierra, otra se moriría de risa,

otra se dedicaría a las tormentas,
otra a no dejar de abrazar,
otra a permanecer vigilante...

Para que por fin el original
pueda mandarlos a todos al diablo
e irse para Marte.

A VECES AUSENTE

Aporrear estas teclas,

es todo lo que importa por el momento.

El vino está que se acaba, siempre se acaba

(Los regalos de los dioses también tienen fecha de vencimiento).

La yerba se agota, el aire se acaba,

la palabra se esfuma, el aliento se acaba,

los sentidos, uno a uno, se acaban.

Este odioso sistema se acaba.

Todo tiene ese aire vano, por largo que parezca,

es por eso que, si algo incomoda

hay que expresarlo ahora mismo.

Expresarlo antes de que acabe y deje de importar,

porque importamos,

así seamos lo más frágil que haya moldeado la naturaleza.

Así estemos confundidos acerca de muchas cosas,

así suframos en ocasiones la gripa del miedo

(ante la cual somos cada vez más resistentes),

así tengamos que reiniciar

la aventura de la vida en esta tierra,

empezar el curso de cero,
importamos.
Personajes arrojados a la página en blanco de la historia,
obreros,
hacedores,
«Cada quién una estrella delirante»[1].
Llegará el día en que, por fuerza,
nos veremos llevados a portarnos como especie,
a elevar un solo grito sin palabras.
Un grito que podrá ser de guerra o de súplica.
Una cosa única,
nuestro mayor pataleo de ahogado,
nuestro máximo esfuerzo por ser alguien ante la nada.

---

1 Gracias, Friedrich Wilhelm.

INOPIA

Mi poesía es como un asilo
donde toda palabra tiene cabida.
Las enfermas, las leprosas, las abusadas,
las sin remedio.
El techo del cielo nos cobija,
el suelo de la tierra nos sostiene,
nadie queda exento.
Eso quiero ser para la palabra:
un cielo, un suelo,
la atmósfera que respira y la envuelve,
su amante más leal
(Nada más que fantasías).

Imagino que tengo un deseo
cuando no sé quién soy,
ni qué es la palabra, ni qué es la vida.

JUGUITO DE ARÁNDANO

Hay que ver cómo se desperdicia en el barrio
el jugo de arándano.
Sale uno a la tienda o hacer cualquier cosa
y se encuentra con un charco.
Imagínense uno o dos litros
de jugo de arándano,
fresquito, recién hecho,
desparramado por el piso.

No siempre los charcos son tan grandes,
pero cuando son menores tienen un camino.
Lo cual quiere decir que el dueño de ese jugo
ha seguido regándolo por ahí.
Con los beneficios que tiene
y con lo caro que está el arándano...
no se justifica.

Mis amigos,
escandalizados con este derroche,
han dejado de visitarme.
No los culpo, no es un espectáculo grato ver regueros
y regueros de este líquido;

lo pone a uno a pensar cosas malucas.

De nada sirve seguir los caminos.
Al final de ellos no hay nadie a quien prevenir,
ayudar o reñir por tremendo desperdicio.

Se encuentra uno con el charco definitivo,
el que tiene todas las respuestas menos una.

CELULAR CON CÁMARA

Hermosa mañana
un instante.
Helicóptero de la policía
violando el cielo.

Los temas cruciales se cantan con rima o sin ella.
Pero el reto me encanta,
tal vez sea testigo de algo brillante,
si esta noche se enciende mi estrella,
a la que me entrego desnudo
y casi poseso.

Poco había pensado en versos labrados
que entre sí sonaran
(como si no le sobrara a la palabra eso).

Los vates abrimos fuego ahora,
hace mucho dejamos la lanza y la esgrima.
Pero también reconozco:
«¿Qué poeta sería si no pudiera recrear
esa horma durante siglos obligada norma
para nosotros en la poesía?».

Todavía hay quienes dicen que si no rima,
entonces no es poema, así opinan.
Pues en su simple desvarío,
se fijan en la forma, no en el tema.
El sonido de los objetos al chocar,

de las conchas al soplar el viento
y el sonido de la lengua al narrar,
son como hermanas de nacimiento.
Donde está una, están las otras
como si fueran una.
Estas son las musas reales que nacieron
de las gargantas de los primeros pueblos.
Donde cantaba la Diosa, se iban los males.
Aquellos que la oyeron dejaron de gritar,
dejaron de gruñir, dejaron de matarse.

Cayeron las armas de sus manos
y empezaron a danzar.

QUÉ INVENTAR AHORA

Escribir poesía
cuando el pregonero
del periódico anuncia otro asesinato.
Dos semanas el mismo grito.

Es la nueva dieta del barrio
que se pone glotón con las festividades.
No contemos los otros animales
pero es increíble cómo matan gente
el día de la madre,
gente el día del padre,
gente el día de celebrar algo valioso y sagrado.

Aunque ninguna fiesta se compara con Navidad.
La cosecha de almas alcanza su punto.
Se llena el cielo de almas enviadas en tropel
por mano piadosa.

Un sol diferente debe ver esta tierra
donde transita la santidad misma.

Poco o nada puede hacer el poeta contra el pregón
que llena las calles y los días.
¡Asesinato! ¡Asesinato! ¡Asesinato!
No se pierda la noticia.
No se le ocurra perderse la noticia.

Las almas:
aquí tienen de sobra
quién se ocupe de ellas.

FINAL DE TEMPORADA

Si el día viene (con todo respeto) que sea gigante.
Quiero que Hollywood quede en ridículo,
quiero ver lo que ninguna computadora
se ha atrevido a simular.
Quiero ver a la naturaleza cambiar por completo
y de repente, echar por tierra
todo lo que creíamos de ella.
Verla actuar como una joven intoxicada de aguardiente.
Quiero que escandalice hasta el más osado
de nuestros criminales:
Que el monaguillo blanco se orine en los pantalones,
que al gallinazo le dé un derrame,
y que el fantasma muera de diarrea.
Quiero que las monjas del globo
se masturben al unísono
y sus orgasmos derrumben todas las cúpulas
y quebranten las catedrales.

(Que los dioses depongan sus armas
y se abandonen a una orgía sin precedentes).

Quiero ver a la tierra devorarse a sí misma.
Usar juguetes, vibradores (y vaya vibradores).
Retorcerse lentamente, tectónicamente
en medio de sus privados orgasmos.
Quiero estar presente en esa loca fiesta.

Y que la Gran Bestia Rubia, el Sol.
Inflame nuestras almas
y nos eleve por encima de esta
caduca podredumbre...

Es esta fantasía, una blasfemia.
    Gusano que tiembla bajo el talón de la bota divina.

CUCARACHAS MUERTAS

Cuando el exterminador se fue. No pudimos entrar a la casa en todo el día. Por la noche el olor rondaba los pasillos de la cocina, atravesaba el patio, ceñía invisible nuestros cuartos (el silencio de una luna sin insectos). Con los ventiladores silbando el rápido arrullo. Con tenues pasos para no despertar el sueño. Busco una excusa en no dormir, un punto de apoyo, una prueba de seguridad, una caricia para el corazón en llamas. Por las paredes caminan, con dificultad, a punto de caer. Persistiendo en la vida que se acaba. Exponiendo al público su derrota.

Nunca se ven tantas cucarachas como cuando se fumiga. Salen sin pudor y agonizan por ahí. He aquí la victoria del ser humano. Para aplacar semejante amenaza, vierte veneno sobre su ropa, sobre sus platos, sobre el aire que circunda su piel. Sobre los muebles donde atesoramos recuerdos mudos por el polvo. Mi casa convertida en una pequeña Hiroshima, llena de cadáveres que aún no aprenden la lección de morir.

He dejado a un lado mi orgullo, mi grandeza que es solo de estatura. Me inclino y acerco el oído todo lo que puedo hacia el suelo. Guardaré cuidadosamente el registro de sus gritos. Ni un segundo de consuelo sobre mis seis patas.

ANCESTROS

Dicen de la prostitución
que es antigua,
pero lo es más la poesía,
lo es más el homicidio.

ASUNTOS GRAVES

A Robert Graves

Aquí estoy, Madre primigenia,
acudiendo al llamado, aunque no haya llamado.
Hay tanta poesía en mi mano
como silencio contenido en una campana.
Las redes sociales son máquinas
donde se ejerce la agonía.
Siddhartha nunca sospechó
el monstruo de sufrimiento que seríamos.
El monstruo que nació en el corazón
y tritura entre sus muelas al mundo.
Diógenes, metido en su caneco,
no codiciaba nada exterior,
no sentía que le faltara nada;
no intentaba ser un perro, lo era.
Movió la cola de felicidad y también aulló de hambre.
Solo queda aullar en esta mala hora,
en esta mala aurora.
Mala aurora, Maldoror, mal de amor, mal hedor.
Lo peor es que la poesía está aquí, en mi cuarto,
como una amante insatisfecha.

Soy yo el ausente, soy yo el que la echa de menos.
Soy yo el que fantasea:
Si la Diosa estuviera aquí yo la sintiera,
si la Diosa no estuviera en qué estaría convertida,
si la Diosa hiciera mutar mis neuronas
y les diera nuevas dendritas.
Si la Diosa fuera un jabalí empapado de rojo
y saliva que me eviscera en sueños.
Si en la garganta de la Diosa
se deslizara la semilla real de mis auroras.
Si tuviera en mi boca a la Diosa o al alcance de mi mano.
Si pudiera tomarme unos tragos con la Diosa
y escuchar su palabra de cascabel.
Si en medio de mi cerebro
tuviera una casa habitada por la Diosa.
Si como un enjambre de abejas la Diosa me arropara.
Si ella decide el fuego lo acepto,
si decide el agua o el hielo,
si decide que la poesía la hereden los robots.
Si desnuda, la Diosa no fuera sino grito,
millares de gritos, generaciones de gritos,
siglos y siglos de aullidos delirantes.
Si la Diosa no fuera...

Ser poeta es amar a la Diosa sin importar nada,
es no renunciar al horror de existir
sin propósito ni respuesta.

YO Y MI OTRO YO

(Sin Irene)

Lección tras lección, tras lección, tras lección,
así es la vida
la «maestra vida»[2] .
No hay tiempo para sangrar,
no hay tiempo para recreo.
Cualquier descanso significa
que va a arder el corazón,
que justo estaba cerrando
cuando ha tenido que abrir de nuevo.
Y dejar pasar ese rostro hermoso
pero retorcido
de "odio, desprecio, burla".
La píldora que usaba Raúl
para no vivir tanto.
Píldora que en este momento mastico
para mayor efecto.

Sé que es un sueño estúpido en este país
pero quiero justicia, carnicera justicia.

---

2 Gracias Rubén Blades.

Que el autor intelectual caiga a un pozo de cemento,
que a los materiales se los coman las hormigas,
que esa risa que me clavó su lanza
se quede sin colmillos.
Quisiera, con mis propias manos,
azotar esa carne, estrellarla contra la pared
y contra el piso.
Pisotearla, escupirla, patearla
como nunca he pateado un balón.
Martillarla con los puños
a la usanza del gorila
hasta que quede inerte.

Después llorar, llorar mucho.
Lamentarme.
Decir: «Yo no soy así.
Algo ha cambiado, me han cambiado»,
y hacer como quien busca al culpable,
sabiendo en el fondo
que no hay otro culpable.

TÓTEM

La última vez que te vi estabas muerto,
la última vez que te escuché fue por teléfono.
Recuerdo haberte recomendado libros para leer.
A todo lo que yo decía tú decías okei,
okei, mijo, okei.
Yo hablaba de lo mucho que tenías que cuidarte,
cogí mi libro de remedios caseros
y te dicté un par de recetas:
Un diente de ajo diario, en ayunas,
cebolla partida y copa de miel de caña.
Restablecimiento absoluto, decía el libro.
Tú decías okei mijo, okei.
Nunca fuiste tan dócil,
yo sentía que algo se quebraba
y seguía dictando recomendaciones.
En ningún momento dije "te quiero",
que era lo que tenía que decir.
Un poco después de media noche
mi mamá me decía que habías fallecido.
Esa mañana tomé un avión,
mi primer avión
(gracias padre, nunca había visto el cielo desde arriba),

para ir a ver tu cadáver.
Y enterarme de otras cosas.
Que el diagnóstico que te había sacado
un doctor privado se perdió misteriosamente.
Que nunca tuviste un verdadero especialista cerca,
solo enfermeras que te inyectaban cosas
que no revelaban lo que eran.
Que en un momento
alguien le preguntó a mi mamá si estabas solo.
Cuando ella me lo contó,
me lo dijo como si en verdad la pregunta fuera:
¿Ya lo podemos dejar morir?
No, contestó ella
a las dos preguntas.
Pero a lo mejor sí estabas solo,
nada había por hacer,
nunca hay nada por hacer,
mejor es cerrarle la salida a los "hubiera".
Yo, al igual que tú, deseo asesinar
las instituciones, pero no sé como.
Dentro del ataúd vi tu rostro, parecías tranquilo,
despojado de todo gesto, por fin sincero,
por fin puro, por fin transparente.
Tal como Dios nos quiere a todos,

bien muertos.
Me hubiera quedado con esa sola visión,
pero me acerqué a la ventanita
y miré hacia adentro para ver tus manos.
No estaban piadosamente cruzadas sobre tu pecho
estaban retorcidas, en un convulsivo intento de rechazo.
La muerte que te llevó no era tranquila,
no estaba en sus cabales.
Me acordé de ti vivo
y dolió
dolió mucho
(«El profe de la salsa y el deporte», te llamaban).
Un dolor cuyas lágrimas me tragué
como pastillas de ajenjo.
Adiós pa, fue todo lo que fui capaz de decir
mientras entraba tu cuerpo retorcido al horno
que habría de convertirte en ceniza.

Ya estoy mejor.
Poco a poco he de hacerme a la idea
de que tu rostro colme todo el infinito.
De que por fin,
me sienta hijo de alguien.

LA MARIPOSA NACE CUANDO MUERE EL GUSANO

Nos gusta media historia.
Solo hasta cuando el Sol está bien alto en el cielo,
solo en ese momento de sopor, de estupidez,
de satisfacción, nos gusta estar.
No queremos saber de momentos previos,
ni de momentos póstumos.
Queremos solo este momento de calorcito,
de sudor, de excitación.
Queremos olvidar;
nos hemos vuelto expertos en olvidar
la otra parte de la historia.
La inevitable parte de la historia.
La parte de la historia de la que es imposible salir
y seguir siendo el mismo.
La parte en que la calma, se vuelve tempestad.

TASCARAZO

No sé cuánto llevo así,
cuanto lleva sin bailar el muñeco de adentro.
Como resultado de eso escribo lo que escribo,
escupo esta papilla insípida y decepcionante.
Ya vendrán los versos, espero.
Pienso en las almas que piensan en mis versos.
Son ellas las que deciden.
Todo el tiempo estoy hablando
de mi formación como poeta,
pero estoy tan perdido como siempre.
¿Qué es un verso, ya que tanto hablo de "mis versos"?
Un día me sorprendí
buscando en el diccionario la palabra poesía.
Di con el significado, no con la respuesta.
Dicen, y yo repito como un perico,
que el poeta es un creador.
Entonces ese título (o lo que sea)
debería ser otorgado a pintores,
arquitectos, panaderos, ebanistas,
músicos, confiteros, sastres;
a gente que en verdad cree.
Pero ese apelativo lo termina vistiendo

un mediocre emborronador de cuadernos.
Caprichos de la vida y de la gente.
¿Hace cuánto Platón prohibió a los poetas
en su prospecto de país de las maravillas?
Pero ahí siguen, pululando en silencio,
amenaza solapada.
A lo bien, ¿para qué existen los poetas?,
¿para qué sirven?,
¿cuál es el beneficio de dejarlos persistir?
Los poetas son los que mantienen,
cuales máquinas de asistencia artificial,
viva a la Esperanza.
Y es esa cosa agónica la que a diario
impide que el caníbal pueda dar el mordisco
como le gustaría darlo.
Es esa cosa semimuerta la que nos hace planear
en la caída.
Líderes de la nación caníbal,
si en verdad quieren echar a perder al género humano
y devorar todo lo que palpite,
tienen que empezar por los poetas.
Acabarlos a todos,
uno por uno o de a montoncitos.
Terminado el poeta se apaga la Esperanza.

Entonces podrán morder a sus anchas pilas
y pilas de seres muertos.

TERRORISMO MÁGICO

VIENEN POR TODO

Los señores honorables vienen por todo.
Pero usted,
señor no-honorable, no parece convencido.
Quizá preguntará,
¿quiénes vienen, y qué es ese «todo» por el que vienen?
Con dolor en el alma le repetiré:
«Pues todo es todo»
El agua, el aire, la tierra, el sudor de cada frente,
la voluntad de cada alma,
y la sangre —sobre todo la sangre— de cada vena.
Gigantescos depósitos de sangre,
llenos hasta el tope.
Tuberías, en las que correría,
como en arterías de metal, la sangre.
La sangre será nuestra nueva agua
y brotará hasta por las canillas.
Gracias a un tradicional procedimiento,
los señores honorables, estos alquimistas,
convertirán todo ese líquido en oro,
y lo meterán en sus bolsillos,
y comprarán la tierra barata,
(porque un descuartizado

o un campesino cagado del susto
no piden mucho por ella).
Y nunca será suficiente ante sus ojos,
su hambre no tiene fin.
Vienen todos y vienen por todo con las empresas,
con las mineras por delante,
con su desinformación y sus ejércitos privados.
La saqueadora local,
la mentirosa iguana incrustada
en la carne de esta tierra, viene por todo.
Se ha hecho experta,
medio siglo violando la tierra,
medio siglo explotando al obrero,
medio siglo burlando al pueblo
con la ilusión del progreso,
medio siglo ensuciando la ciénaga y el río,
de cuya agua verdaderamente dependemos,
y no de esa ciudad de hierro que vomita
verdes y moradas nubes de toxina.
Nos verán morir ahogados, envenenados, asesinados.
Nos verán hechos pedazos en la esquina o en el río.
Verán a los nuevos niños nacer sin cerebro,
verán a los ancianos agonizando
en la sala de espera del hospital,

repleticos de mercurio.
Vienen por la ciénaga, vienen por los páramos,
vienen por el bienestar ajeno,
vienen por la dignidad.
Vienen por los cuerpos
y por los espíritus que los alientan.
Y si usted no está dispuesto a alquilar su cuerpo
para que ellos puedan hacer su cochino saqueo,
se lo vacían, se lo vacían a tiros.
No lo harán ellos mismos
(dada su marcada tendencia a la tercerización),
le mandarán una gente que sí se da en alquiler.
Lo acribillarán al frente de todo el mundo,
y se irán, muy serenos, muy casuales, por su camino.
Ningún policía a la vista,
su crimen nunca será resuelto
y su madre morirá de dolor de madre
o de tomar agua con mierda y cianuro.
Y los señores honorables, esos alquimistas,
la convertirán en oro, y la meterán en su bolsillo,
y le guiñarán un ojo, y nada más pasará.
¿Entiende ahora, lector, lo que le digo,
cuando le digo que vienen por todo?

CONFIANZA INVERSIONISTA

Grandes capos de la droga, grandes empresas,
capital foráneo, vengan.
Pongan la ventosa en la riqueza y extraigan.
Que cuanto indígena, cuanto campesino,
cuanto impertinente pretenda hacer algún reclamo.
Yo le mando a mis muchachos,
mis buenos muchachos,
mi carta de triunfo,
mi tropa personal.
Y en pocos días, en menos de nada,
queda la tierrita lista para que la puedan
ultrajar con toda confianza.

DESPLAZADOS

Dame de tu mirada otro trago hasta que la luz nos lleve
¿Cuántas calabazas estalladas hemos tocado con
nuestros ojos?
¿Que de alguien vivo como nosotros
no quede más que un zapato, que del peligro
no nos libremos sino cediendo lo único que no podemos
ceder?
—Qué puedes limpiar, si estás sucia de recuerdos
como yo; huyendo como animales,
despojados hasta de la posibilidad de amarnos
fugazmente.
Con los ojos estallados de odio contra el odio de Dios,
contra la indulgencia de la tierra;
contra la sucia mafia de la vida.
Corramos porque Ella lo manda,
exige que preservemos
eso que ya no podemos llamar existencia.
Corramos hacia algún agujero,
sorbamos puñados de lombrices.
Arranquémonos los ojos, aprendamos a desplazarnos

con la sola propulsión de nuestros gemidos.

Cavemos profundo, quedémonos quietos,

que el paso de los siglos disuelva las imágenes del terror;

que por fin olvidemos, en nuestro adormecimiento,

que en la superficie hay tenderos y empleados.

Sicarios y presidentes.

JUSTICIA POÉTICA

Ojalá fuera como en ciertas películas
que las almas en pena de crímenes atroces
vagaran desesperadas rastreando al asesino.
¿Cómo sería Colombia
si viéramos por las calles
y por los caminos miles
de penas sedientas en busca
de su matador para causarle
un sufrimiento insostenible?

Hermosa.
Sería hermosa y majestuosa.

POETA DE LLORENTE

Si me matan violentamente o me desaparecen
no hagan marchas pacíficas, no enciendan velas,
no azoten cacerolas.
Lo único que pido es que acaben con todo.
Si nos quieren mantener en el pasado
por qué no de golpe volver a las cavernas,
al estado de naturaleza.
Quiten a los ricos, a los generales, a los senadores,
y a los megaempresarios,
no olviden a los megaempresarios.
Asen la carne de sus ganados,
devórenlos a dentelladas.
Arrebátenles sus riquezas,
esas con las que tanto soñaron.
Sus haciendas, sus terrenos, sus paraísos fiscales,
su dinero, sus pensiones, sus caletas.
Ahí es donde les duele.
La gente les importa poco:
Cinco, cien, doscientos, mil, doscientos mil;
millones de personas jodidas, muchas muertas,
otras con menos suerte,

ha dejado la violación de esta balanza
y su risa solo ha cambiado para hacerse más fuerte.
Solo "quieren dinero"[3], como dice la canción.
Todo el dinero.
No les dejen nada, reclamen lo suyo.
Quítenles todo, hasta sus hijos.
Reclútenlos en la milicia del amor a la vida
en todas sus formas y manifestaciones.
Que aprendan a cuidar una planta, un animal,
una anciana, un niño.
Que aborrezcan de toda injusticia
y hagan lo posible por remediarla,
que aborrezcan de sus padres,
esos seres insaciables que se han bebido a totumadas
la sangre de un país degollado.
Quítenles todo.
La riqueza es como una hija que ustedes concibieron
y les arrebataron de inmediato,
diciendo que era de ellos,
que por derecho era de ellos.
Se la arrebataron,
no les dejaron sostenerla en sus brazos una sola vez,

---

3 Gracias, Los Prisioneros

y a ese secuestro, a ese robo, a esa villanía;
lo llamaron trabajo duro, lo llamaron dedicación,
lo llamaron progreso.
Pero ustedes saben que esa riqueza
es su propia carne y sangre,
y la quieren a su lado.
¡Cómo no!
Quieren a su hija a su lado,
¡Reclámenla!
Háganse ese regalo el día de mi muerte programada.
Rompan el coco y tómense el agua,
y no les dejen ni una gota.
Quítenles los páramos, quítenles las ciénagas,
quítenles las selvas y los bosques y los ríos,
quítenles la imagen, quítenles la palabra.
Quítenles todos sus privilegios.
Que los despojadores sientan, por una sola vez,
lo que es ser despojado.
Quítenles todo, menos la vida
a ver qué se inventan.

EL MEJOR PRESIDENTE

«Duélale a quien le duela,
aprieten a quien aprieten,
quebranten a quien quebranten,
persigan a quien persigan,
machuquen a quien machuquen,
destrocen lo que destrocen,
desplacen a quien desplacen,
envenenen a quien envenenen,
contaminen lo que contaminen,
desaparezca quien desaparezca,
desamparen a quien desamparen,
agonice quien agonice.

«Que a este rancho no lo vamos a dejar ser país
por más que lo intenten, por más que luchen,
por más que marchen,
por más que se desgarren las vestiduras
y griten que son libres
y que juntos son fuertes.
Por más que revindiquen las grandes victorias,
por más que rememoren los grandes nombres
y las grandes fechas, nada va a cambiar.

Este rancho, rancho se queda.

República en el himno y en el papel,

y porque tiene un presidente

que pusimos para que se entretengan.

Pero esta tierra no es ni será ningún país.

Nosotros, la clase ranchera lo impediremos,

cueste lo que cueste».

GRAVEDAD ZERO

Un amigo me dijo alguna vez que en este país
los villanos caen, pero hacia arriba.
Como el exgobernador La Rana
o el ex general Riñón Añejo,
convertidos en diplomáticos para
que pudieran evadir la justicia.
En vez de ser juzgados
por lo que todos sabemos que hicieron,
recibieron galardones.
En la pantalla hemos visto
al tigre gritar a sus vasallos
que no se detengan ante críticas ni protestas,
que sigan dando resultados
y la libertad será definitivamente aplastada.
Alienta a sus esbirros de guerra,
los azuza contra personas inermes.
Tiene de su lado a los medios,
tiene de su lado a la opinión,
tiene de su lado al congreso,
tiene de su lado al Divino Niño,
tiene de su lado al ejército,
tiene de su lado a los narcos,

tiene de su lado al otro ejército,
tiene de su lado a los gringos
tiene de su lado a los muertos...

Quieren el país solo para ellos.
No hay crimen que no hayan cometido,
que no estén cometiendo,
para conservar las riendas de su rancho.
Ellos son los únicos felices
en el país más feliz del mundo.
Son los únicos que ríen,
los únicos que celebran,
los únicos que no ruegan,
los únicos que no sienten rabia ni claman a gritos,
los únicos que no tiemblan al ruido de una moto
o de una camioneta; los autoelegidos, los que se autorenuevan, los que se autoregulan, los autodefensas.
Nada les impide hacer su voluntad
en la democracia más estable del hemisferio.
A veces, como en el teatro y para dar un contentillo
a la gente famélica de justicia,
estos actores caen.
Pero para arriba.

ESTOY AQUÍ, ESTOY ENVENENADO

Da mucha rabia vivir aquí.
Hay indignación y odio en el ambiente.
Hay gente armada legal y gente armada ilegal
ambas con el mismo jefe, con la misma orden.
Hay gente sin armas
que no se puede permitir una sola en su casa
-sea por falta de moneda o por el asco mismo-,
que no tiene tiempo para pensar
en cómo joder al prójimo
y que piensa que vivir en una nación
debe ser una cosa diferente que este arriar a gritos,
que este voleo de rejo,
que esta lluvia de pata y esta repartidera de plomo.
(¡Plomo es lo que hay, plomo es lo que viene!)
Es el grito que truena sus oídos.
Esta gente desarmada, endeudada,
despojada, clama:
«Somos personas, somos seres humanos,
no somos ganado para arrear.
Y esto no es un rancho, es un Estado de Derecho».
La gente que abre la boca para decir estas verdades,
despierta el odio del gobierno,

de esa pandilla de rancheros
y sus recursos ilimitados.

Todo ese entrenamiento.
Todos esos billones de pesos.
Toda esa tecnología.
Toda esa logística.
Todo ese aparato,
tiene un solo objetivo, un solo fin:
Usted (y yo, que somos lo mismo).
Mantenernos aterrorizados al máximo
para vendernos su trajinada seguridad.
La cual pagaremos con plata,
con tierra, con sangre, con derechos.
Si cree en la existencia del alma,
esta también entra en la factura,
con ellos nunca estará a paz y salvo.
De hecho, no pueden oír hablar de paz
porque se ponen como trompos tataretos,
como perros rabiosos,
como monstruos medievales o animales malditos.
Entonces celebran otra fiesta del chivo,
otra orgía de sangre,
porque les encanta ver correr la sangre.

Alegarán cualquier excusa
con tal de ver cumplido su deseo.
Acusar de comunista o guerrillero todavía funciona.
¡Y que suenen las gaitas, que caigan las bombas,
que accedan las vergas sin consentimiento
y que rueden las cabezas para el chico de fútbol!
Porque este es el Infierno real,
el original, el verdadero,
no el sueño de Dante.
El que seguirá ardiendo
por los siglos de los siglos
si no plantamos cara.
Si no cerramos la llave
y les cortamos el chorro.

EL RESENTIDO

Parece que en sueños libro batallas sin sentido:
doy puños, tiro patadas, aprieto gargantas con mis dedos,
despedazo con los dientes tendones invisibles.
Aún despierto miro con odio, tuerzo la boca,
pongo las manos como garras
(aunque no llegan a zarpas),
ante un contrincante hecho del griego éter de mi fantasía.
En más de una ocasión ha habido testigos
y he tenido que reprimir la expresión de mi rostro
y de mi cuerpo.
A pesar de los puntos realizados,
todavía quedan millas por remendar,
esta herida es grande.
Todavía mi corazón respira como un volcán activo.
Todavía me parece justo oponer violencia a la violencia;
y a la injusticia, oponer una rabia irracional.
Todavía le pregunto a Dios,
o al hueco en el cielo que dejó Dios:
¿Por qué el que bombardea no es bombardeado?
¿Por qué el torturador

no es hecho pedazos con las máquinas más crueles?
¿Por qué el sicario cuando vuelve a casa,
no encuentra a su familia llena de tiros?
¿Por qué al corrupto no se le despoja de todo
y se le arroja a la calle?
Esta impotencia de no poder causar sufrimiento
a quien lo reparte a raudales, va a acabar conmigo.
Yo seré la única baja que deje mi odio.
Mis enemigos se regodearán,
proclamando otro «buen muerto».
Celebrarán con masacre,
guaro y parranda vallenata.
Se tomarán selfies con mi cadáver
y las subirán a Twitter,
acompañadas de comentarios ingeniosos.
No faltará quien diga:
«Un poeta menos», con toda la satisfacción del caso.
Otra gota vertida al mar de las
importantes opiniones[4].
Otro muerto que pronto será olvido.
Como en el infierno.

---

4 Gracias Pablo

SHITTY CYBERPUNK COUNTRY

Mi poesía es denotativa
porque del cielo no cayeron rosas,
sino pedazos de cadete
y lágrimas de niño recién huerfanizado.
Cabezas de cabezas ruedan,
la tierra sangra por miles de agujeros,
abusada por horribles máquinas
creadas por hombres que a su vez
son imagen y semejanza de Dios,
el cual no es sino el mal sueño de un ser sin nombre,
tan nefasto como el mismo nacimiento del Universo.
Porque la existencia es un error,
y la conciencia algo mucho peor todavía.
Y a los que nos duele este infierno,
hay harto demonio armado
y envalentonado arrasando con lo que encuentra
en constante temporada de caza.
Y los que no queremos morir,
en medio de nuestra huida,
–de vez en cuando y sin saberlo,
una luz ilumina nuestro camino,

una aquí y otra allá, como un hato de luciérnagas–,
después nos dábamos cuenta de que ese brillo
eran nuestros propios ojos ahítos de desesperanza,
y qué íbamos hacia las fauces de las que buscábamos salida.
Solíamos confortarnos diciendo,
«no nos pueden matar a todos»,
pero sí pueden y lo están haciendo.
Nuestro clamor, nuestra palabra exacerbada,
nuestra protesta, nada ha servido para detenerlos.
Nuestra palabra les da risa,
y las palabras que se inventan para señalarnos
son cuchillos en el vientre del poema.
La vida es ultrajada como una niña
cuyo cuerpo es embutido en un tarro de basura,
como si nada valiera.
No obstante estoy aquí cumpliendo mi función,
cantando lo visto y oído.
Rabiando, denunciando,
horneando mi agrio pastel a la nada
mientras ellos, los que tienen el poder, planean nuestra muerte.
Y cuando sea asesinado el último campesino,
el último indígena, el último líder comunitario,

el último profesor, el último poeta.
Traerán robots de Estados Unidos
para que nos reemplace en el trabajo.
Los robots campesinos labrarán
sin descanso para la mesa de los ricos.
Los robots profesores adoctrinarán
a los hijos de los asesinados
en las artes de la obediencia, la indolencia y la sumisión,
para que asistan en sus tareas a los robots obreros.
La palabra Paz será erradicada de la lengua
y de la historia.
Y la poesía será tan obsoleta
como la compasión.

TERRORISMO MÁGICO

Los ojos del robot malo,
en las películas de ciencia ficción,
son rojos.
Los ojos del espíritu malo en las películas de terror,
son rojos.
En los juegos de video,
el enemigo, por defecto,
es rojo.
33 años después del Muro, el terror…
es rojo.
En mi país se ha vuelto el comodín preferido
para justificar el atraco de terrenos
a poblaciones enteras.
Si causa una gran impotencia,
una honda tristeza y mucha rabia
que le roben a uno el celular,
con pistola o a cuchillo limpio
(vivir esa escena, experimentar la angustia
sin poder hacer nada),
imagínese cómo se siente la gente
que a punta de plomo le robaron su tierra.
La tierra que cuidó, la tierra que labró,

la tierra en la que vio crecer su sustento y su familia.
La tierra que le inspiró a dar su mejor fruto
y lo mejor de sí; desbaratada a balazos.
Y cuando no puedan todavía
salir del shock de ver todo perdido escucharán,
en un cínico tono de burla y desprecio:
«¡Rojo, guerrillero hijueputa,
sapo, colaborador, vándalo!»
Estas palabras son mágicas para ellos.
Las manos dejan de temblar
a la hora de maltratar cuerpos,
el gatillo de sus armas nuevecitas,
funciona de maravilla ante la apasionada presión.
Los insultos son más hirientes e incisivos.

Para ellos se vuelve una aventura,
un juego divertido.
Son los héroes de la patria,
los paladines de la democracia.
(Nada para sentirse más hombres
que masacrar a una población indefensa,
a la que se le niega, incluso, el alivio del llanto).
La indefensión es crucial para estos valientes.

Como si toda la sangre
que le han hecho beber a la Madre Tierra
no fuera a volver vomitada sobre sus rostros.
El color que fingen odiar, los perseguirá siempre.
La vida que quieren destrozar
no tendrá piedad de sus resuellos.
Aunque estén cansados, aunque estén heridos,
aunque estén enfermos,
aunque quieran retirarse
a gozar el fruto de su brutal saqueo;
un Golem de sangre, un Wendigo de sangre,
un Mohan de sangre,
los perseguirá sin descanso,
unas raíces sedientas se enredarán en sus tobillos,
y un grito saldrá del corazón de magma de la tierra,
a mostrarles que esta guerra que adoran
no es ninguna aventura,
no es ninguna tonta lucha de colores.
Un grito como de pueblo emputado,
más terrible que diez mil bombas nucleares,
despertará.
Avanzando calle por calle,
vereda por vereda,
río por río, ciudad por ciudad.

MECÁNICA DE FLUIDOS

Nunca ha sido y nunca será la sangre humana
la que mueva los relojes y ponga a girar
el molino del destino.
Ese es un papel del agua.
Pero nuestro hermano,
que nos ve como su enemigo mortal,
insiste:
—Es la sangre.
Y como en una hecatombe,
pone en el altar miles de hermanos
para que llueva la sangre, para que diluvie.
Mientras se ahogan los relojes
y un torrente rojo arrasa el molino.
Nuestro hermano se sacrifica a sí mismo en un altar
para venerar un dios que es él mismo.
Ciegos de codicia, cuál lemmings en estampida
vamos hacia el acantilado.
Esta tierra que era
semilla convertida en una fosa.
Este planeta,
que era el inicio de la aventura humana en el universo,
también será su fin.

Detengámonos a tiempo
hermano,
hermana,
evitemos el sino que llevamos
y tomemos otro rumbo.
Que sea el agua y no la sangre
la que marque la vía.

LA X EN EL CALENDARIO

No soy bueno con las fechas.
Hoy puse a dormir a mi segunda gatica,
no me acuerdo cuándo fue con la primera.
Hay que guardar esas fechas, ahora lo pienso,
las fechas de las pérdidas y de las derrotas.
Las fechas en que parece que ni Séneca
puede salvarnos del dolor
(A los que usamos a Séneca como analgésico fuerte).
Aunque al final se puede decir que todos los paraísos
son artificiales, que incluso Séneca, incluso Buda,
incluso el Nazareno son meros consuelos temporales,
mero contentillo,
puro sedante que no tarda en desvanecerse,
ya que nunca dejamos de perder.

Una maestra mayor que la Vida cura de verdad
y definitivamente todos los males.
Cuando ella entra al cuerpo, el dolor se va,
la angustia se va, la zozobra se va,
el recuerdo espantoso se va,
la burla del asesino mancillando su cadáver se va.
El grito triunfante de la impunidad

deja de taladrar los oídos,
el gesto perverso del policía dejará de ser su desespero.
El deseo de hundir este barco con todos adentro
se esfumará como vapor.
Al igual que en otros tiempos el mordisco de una fiera,
una herida de guerra infectada
sin posibilidad de atacar ese otro ejército con antibiótico,
una fractura que exponga el hueso,
dejaba al convaleciente convencido
de que la vida otorgada llegaba a su fin,
y este convencimiento se convertía en consuelo,
el cual no estaban en condiciones de proporcionar
ni cirujanos, ni médicos ni anestesia
ni opio alguno.
De la misma manera, el coterráneo vive resignado.
Sabe que el político corrupto quedará impune,
que el narco hará lo que le venga en gana
sin que nadie se lo impida,
que la multinacional
vendrá a volver mierda el medio ambiente
y el tejido social de las comunidades
con el guiño del gobierno,
que el paramilitar hará de las suyas
en ciudades y pueblos

con el espaldarazo de la fuerza pública.
Que el senador traqueto reirá con cinismo
en la piara del congreso,
que el pueblo del sagrado corazón
será el ano violado del abismo,
qué nadie lo sacará del fuego
salvo su propia chispa...
En todo caso siempre queda la infalible.
La justicia proporcionada por Ella que a todos cubre.
Poder amenazar de muerte a quien nos asesina.

LO QUE HA DE QUEDAR

Más de una vez me detengo a preguntarme:
¿Qué hago aquí?
¿Por qué soy el que soy?
¿Por qué escogí el más incierto de los oficios?
¿Qué pasaría si dejo de escribir,
si dejo que vuelen los caballos de los corrales?
Si dejo que la palabra sea libre
y dejo de intentar contenerla...
¿Podría soportar esa grieta
que se abriría en todas direcciones
dentro de mi ser?
Simplemente porque hay cierta empatía,
cierta pobre conexión, cierta débil señal
que me llega cansada, surgida de un numen
que ha perdido su horizonte; llamarme poeta.
Media vida incinerada buscando la palabra
definitiva que reduzca a cero el Universo...
¿Habrá valido la pena?
De dónde saldrán los poemas, ya no jugarán
en el bosque de neuronas que encierra la bóveda
de mi cráneo.
De dónde la comida caliente si no hay candela.

Quién querría un plato de poesía fría con este invierno,
con este infierno que no ha hecho más que arreciar.
Tanto tiempo sin respuesta me ha hecho pensar
que nos quiere muertos; y que tal vez le canto
a una Madre que está harta de sus hijos.

Tal vez toda esta guerra, toda esta matanza,
todo este envenenamiento,
toda esta epidemia, sean su voluntad.
Tal vez Ella es el anticuerpo y nosotros el virus.

Aunque no es la diosa
sino el canto que nos conecta con ella,
con el mundo y con la gente.
El canto que es valiente,
que esconde la cuchilla que ha de borrar la risa
de los cínicos en la fiesta del chivo
que lleva dos siglos sangrando.

El canto es poderoso, más que las armas,
más que los gobiernos.
Una gota de canto
erosiona la piedra más dura.
Y hay que protegerlo,

con la bendición de la Diosa o sin ella.

Con el aval de la autoridad o sin él.

TEXTO DE CONTRAPORTADA
Breve reseña del libro

TEXTO DE SOLAPA DE PORTADA
Breve biografía del autor.

TEXTO DE SOLAPA DE CONTRAPORTADA
Frases más destacadas del libro

"No hay nada peor que intentar recoger la palabra
que se ha dejado caer"

--

"¿Por qué el torturador
no es hecho pedazos con las máquinas más crueles?"

--

"¿Por qué al corrupto no se le despoja de todo
y se le arroja a la calle?"

--

"Nuestra palabra les da risa,

y las palabras que se inventan para señalarnos

son cuchillos en el vientre del poema"

www.ingramcontent.com/pod-product-compliance
Lightning Source LLC
La Vergne TN
LVHW041133150826
845673LV00007B/2300